L6 56
1378

LES RENARDS
LES DINDONS
ET
LE MEXIQUE

(par H. P. Arbeti.)

BORDEAUX
IMPRIMERIE TYPOGRAPHIQUE DE EUGÈNE BISSEI,
Rue Porte-Dijeaux, 43.

1863

LA POMME DE PARIS.

Le Mexique présente une superficie à peu près double de celle de la France. S'étendant à l'est et à l'ouest de la Cordelière qui le traverse en sens contraire et à peu près en son milieu, ce pays, presque entièrement compris entre le 20° et le 30° degré de latitude nord, se compose en grande partie de vastes pentes et plateaux d'une fertilité rare qui dérivent et s'écartent de l'arête centrale, tandis que plusieurs des basses terres de l'intérieur, celles surtout du littoral, sont perpétuellement dévorées par des chaleurs plus ou moins tropicales. Considéré dans toute son étendue, ce même pays est plus qu'aux trois quarts désert; et semblable en ce point à celles de plusieurs nations d'Europe, sa statistique officielle exagère de beaucoup le chiffre de sa population, continuellement décimée et ruinée par la guerre civile. Il serait inutile d'énumérer ici tout ce que cette vaste contrée peut offrir de ressources et de richesses à l'activité humaine en fait d'agriculture à organiser, d'industries à créer, de mines d'or, d'argent, de mercure, de cuivre, de toute sorte de métaux à exploiter; ces divers faits sont à peu près connus et commencent un peu à être appréciés par les populations françaises.

Mais les deux traits éminemment caractéristiques du Mexique, pour le temps où nous vivons, c'est que d'une part ses vastes et fertiles terres conviennent merveilleusement à la culture du coton, tandis que de l'autre, ce pays n'est séparé que par quelques populations, faibles et divisées, de la station devenue si importante qui comprend 'isthme de Panama. En étudiant, en traversant cet isthme, il n'est pas de voyageur intelligent et quelque peu familiarisé avec l'aspect d'un globe terrestre qui ne comprenne d'emblée tout ce que ce poste aurait d'avantageux pour le commerce du monde, si jamais, supprimant un curcuit de 3,000 lieues pour tout navire obligé de doubler le cap Horn, quelque nation puissante, quelque grand souverain réalisait un jour, par un canal, l'ouverture de ce faible trait-d'union des deux Amériques ; et ce qui devient encore chaque jour plus évident pour tout homme qui aperçoit d'autres intérêts que ceux qui végètent à l'ombre du clocher, c'est que tout peuple qui voudra rompre avec son crétinisme et sa gêne héréditaires, afin de conquérir sa part d'activité et du bien-être au soleil, devra faire ce qu'ont exécuté dès longtemps et si judicieusement les Anglais, c'est-à-dire se disposer à se créer le long de l'Equateur un chapelet de stations militaires et navales qui puisse lui assurer le libre cours de ses transactions avec les divers continents.

PHOTOGRAPHIE.

Les États-Unis sont grands en étendue à peu près seize fois autant que la France. Le blé, l'orge, l'avoine, le vin, les fruits et légumes de tous les climats, les cotons, le sucre, le café, les parfums, les épices, les grands bois de construction, l'or, l'argent, le cuivre, le fer, l'étain, le mercure, le bitume, le charbon de terre, tous les produits, toutes les richesses des régions tropicales et tempérées y surabondent comme par un vrai privilége de la nature.

Formé de tout ce que l'Europe a de plus intelligent, de plus fier, de plus noble dans les classes déshéritées et exploitées, le peuple qui habite ces vastes et magnifiques terres présente un caractère véritablement remarquable et tout exceptionnel : sa rancune contre l'Europe est innée et sans limite.

Beau, vigoureux, vaillant, énergique, entreprenant, instruit, penseur subtil, l'homme né dans ces pays dépasse l'Européen de toute la tête ; il le domine et le méprise au fond de toute la supériorité de son intelligence, de toute la valeur de son instruction vraie et positive. Dans cette singulière société tout homme a été initié dans les écoles à la connaissance des affaires publiques et à pouvoir être apte au besoin à administrer et à gouverner ; aussi le gouvernement et le peuple y sont toujours confondus, puisque, comme chacun le sait, ce peuple s'administre et se gouverne directement lui-même.

Par sa mansuétude, l'urbanité de ses rapports privés; par sa politesse de fait et non de grimace; par sa vie d'intérieur et de famille surtout, et même jusqu'à un certain point par ses mœurs, ce peuple est le premier des peuples civilisés.

Par sa méthode d'instruction populaire, par plusieurs théories toutes neuves, par un grand nombre d'institutions d'intérêt général, par sa répulsion pour tout ce qui sent le passé et la routine, par son génie inventeur, mécanicien, constructeur, par ses larges vues et ses larges procédés dans les affaires, par ses vastes exploitations agricoles, industrielles, minières, commerciales, ce peuple est sans contredit le premier peuple du monde... La race des crétins de corps et d'esprit qu'on cultive et qu'on élève avec tant de soin et de si habiles procédés en Europe est inconnue sur cette terre : elle n'y pourrait végéter.

Mais, d'autre part, par la forme de son gouvernement, par ses institutions judiciaires et administratives, par ses fonctions publiques électives, par son organisation militaire et navale, par le cynisme de sa politique, par son ambition et son égoïsme sans bornes, par son peu de moralité, ce même peuple est en même temps un des derniers du globe... En ce pays, la faillite est en honneur... Il n'est pas rare d'y voir brûler des villes entières... On a pu compter jusqu'à dix-sept incendies à New-York dans une seule semaine.

J'ai dit que la rancune de ce peuple contre l'Europe est innée ; mais à sa haine naturelle et instinctive, il joint encore un mépris profond pour tout ce qui n'est pas lui. Tandis qu'au loin le peuple français se croit le plus riche, le plus puissant, le plus beau, le plus spirituel, le plus intéressant du monde dans le petit recoin de terre où il étouffe, le peuple américain, lui, trouve le globe terrestre encore beaucoup trop étroit pour ses calculs illimités, pour ses projets d'exploitation et d'invasion universelles, et c'est à peine s'il juge digne de son dédain les vanités et les puérilités de tout ce qui s'exalte loin de lui. Les gloires plus ou moins artificielles et artificieuses ; les quelques progrès, les aspirations plus ou moins vaines, plus ou moins généreuses des autres nations le touchent si peu, qu'il s'efforce tout au moins de les ignorer. Il se hâte de laisser loin derrière lui le présent, surtout le passé, et de frayer sa large voie tout en passant, même sans y voir, sur le cadavre de l'ancien monde.

Pendant que l'Européen doit croire, bon gré mal gré, que trois ne font qu'un, et que la moitié de quatorze est neuf, l'Américain, au contraire, ne prend jamais le faux pour du vrai ; pour lui, un chien est un chien, un chat est un chat, un nègre n'est qu'un nègre, un Indien n'est qu'un gibier qu'il chasse et qu'il abat dans ses forêts avec les chevreuils et les tigres... : un Anglais, un Français, un Chinois, un Iroquois ne seront bientôt qu'un seul mot, une seule et même chose; et si l'animal russe est pour le moment compté, c'est qu'il pourra probablement servir à réaliser quelque but important. Depuis longtemps les hommes d'État qui administrent ces vastes contrées, comptent avec une impatience peu déguisée le chiffre de leur population, qui s'accroît avec une rapidité incroyable ; et à chaque augmentation accusée par le recensement annuel, se croyant, se sentant en génie, en marine, en armée, devenir formidables, déjà ils souriaient naguère dédaigneusement à l'Europe, en lui disant... : A bientôt!!!...

RENARDS ET DINDONS.

Il est cruel, quand on débarque en Amérique, de se sentir brusquement arracher du cœur tous les préjugés contractés en Europe sous le clocher, dans le collége et au sein de la famille, préjugés si chers, du reste, puisqu'ils nous content tant d'argent avec les plus belles années de jeunesse. Il est triste aussi, pour tout compatriote qui voyage aux États-Unis, de voir s'évanouir d'emblée tant de douces et vieilles illusions éminemment françaises, chères au cœur et à la mémoire.

Pourtant, quand le grand pas est fait, heureux encore celui pour qui le voile tombe; heureux celui qui, tout en se hâtant d'abandonner tout ce qu'il dut emprunter à un ordre de choses artificiel et perfide, s'illumine enfin tôt ou tard aux éclairs de la vérité pratique et contracte dans le large commerce de la vie le seul savoir, la science suprême qui résultent d'une appréciation personnelle et positive des hommes et des choses. Sous tous ces rapports, l'homme intelligent trouve beaucoup à faire, beaucoup à apprendre dans l'Amérique du nord, et les plus précieuses observations résulteront de l'examen qu'il pourra faire de la politique, des institutions, du gouvernement, des mœurs, et surtout de l'esprit exceptionnel et des tendances anti-françaises et vraiment incroyables qui animent les populations de ce beau pays... Jusqu'en 1848, de quoi la France s'était-elle rendue coupable à l'égard de l'Union? Jusqu'alors, avions-nous jamais blessé dans sa dignité cette puissance? l'avions-nous aigrie par quelque prétention égoïste? nous l'étions-nous aliénée par quelque entreprise, par quelque guerre injuste? Non..., et toutefois l'envie, l'animosité contre tout ce qui était français, contre tout ce qui intéressait la France, se révélait déjà alors sans déguisement dans les hautes et basses sphères de cette société, à mesure qu'elle sentait grandir sa puissance et qu'elle se trouvait en possession de si grands éléments de succès.

Je ne mentionnerai pas ici tous ce que les Français, confondus bon gré mal gré avec les Chinois, eurent à subir de vexations et de spoliations violentes dans les villes et les mines de Californie, pendant les deux ans que celui qui écrit en fut témoin oculaire. La grosse histoire du régisseur du théâtre français de San-Francisco, assassiné en plein foyer par le célèbre Charles Douwann ; le meurtrier se promenant à cheval et un mois durant dans les rues de la ville, narguant la population française et faisant parade de son impunité, sous la protection des autorités et de la police ; tout cela, d'autres faits encore, paraîtront de peu d'importance ici, parce que, bien à tort et toujours, on a supposé que la Californie était l'Etat le plus mal policé de tous ceux de l'Union : passons donc à un ordre de faits autrement grave et plus éloquent.

Quand la révolution de Février 48 éclata, ce ne

fut qu'un cri de satisfaction dans toute l'Amérique du nord ; on jugeait partout la France disloquée et perdue ; les sommités du pays n'ignoraient pas ce que tout Français n'eût jamais soupçonné ; ce pacte secret du Gouvernement fédéral avec la Russie, portant : à nous les Amériques, à toi l'Europe ; aide-nous, nous t'aiderons ; à néant le reste !... Certain que nous aurions bientôt le colosse asiatique sur les bras, tout Américain se félicitait déjà, en songeant que ce peuple français, si éloigné qu'il fût, ne pourrrait plus gêner désormais les vues affamées et effrénées de la cauteleuse République. La France donc, ce vieux géant de libéralisme désintéressé et de gloire, s'évanouissait aux yeux de ce peuple comme un vain fantôme, et les Français ne représentaient plus qu'une race usée, qu'un peuple de petits sauteurs, dédaignés et ridicules, qu'on désignait plus que jamais par la qualification de *little French-men*... les petits Français... Pendant que la perfidie d'outre-mer surveillait avec une joie mêlée d'impatience les péripéties de notre Révolution, la France peu à peu reprenait ses sens, un gouvernement providentiel l'arrachait à ses vertiges, et l'anarchie allait disparaître sans avoir pu même entamer sa proie : on devait donc se presser en Amérique ; l'Union avait déjà pris la Californie, et elle se hâtait d'acheter lambeaux par lambeaux le Mexique aux présidents infâmes qui le gouvernaient. Sur treize millions de piastres, marché fait, le gouvernement de l'Union en versait dix, non au Trésor mexicain, mais à la caisse privée de Santa-Anna, pour trafic et livraison par ce dernier de la vallée de Messilla et de ses dépendances. Dans le même temps, plusieurs expéditions étaient dirigées sur Cuba pour s'en emparer, à portée de canon de nos misérables Antilles ; et il ne fallut rien moins que l'envoi d'une flotte française, commandée par le vice-amiral Duquesne, pour sauver cette importante possession à l'Espagne, notre alliée naturelle. Pendant ces entreprises, soutenues à masque découvert par les intrigues de M. Soulé, ministre de l'Union à Madrid, un certain Callaham, avec ses gueux, s'abattait par l'intérieur sur le Mexique ; tandis que Walker, avec ses bandits, s'emparait de Nicaragua, où son gouvernement militaire était officiellement reconnu et soutenu par le consul américain résidant en cette ville.

En France, les affaires s'arrangeaient cependant, et il devenait de plus en plus certain que notre nation se relevait de son naufrage. L'anarchie, cette digne émule du despotisme ; l'anarchie, qui a causé la ruine hâtive de toutes les républiques anciennes et du moyen-âge ; l'anarchie, qui a tué la Pologne, qui ronge et cadavérise les quatorze républiques du continent américain ; l'anarchie, en France, n'avait fait que passer : mais, dans l'esprit du gouvernement fédéral et de l'autocrate russe, plus ardemment que jamais, le pacte : à nous l'Amérique, à toi l'Europe, se confirmait et s'affermissait ; et tandis qu'on s'efforçait de réaliser à tout prix le mot d'ordre ; tandis qu'à notre Occident l'Union cherchait à entamer par tous ses moyens d'alors l'Amérique du sud et les Antilles ; à notre Orient, la Russie se hâtait de jeter le masque et bondissant sur la Turquie ; de cette première étape, prudemment détournée, elle se préparait à fondre sur la grande proie que dès longtemps sa politique criminelle dévorait des yeux *(et dico Russiam esse delendam)* ; tandis que l'Europe hésitait chancelante sur les bases pourries de ses caduques monarchies. C'en était fait de la civilisation moderne : elle allait succomber sous les coups du nouvel Attila ; si, dans le même temps et par un de ces prodiges qui viennent de loin en loin réduire à néant les plus beaux rêves du machiavélisme ; en un coin du monde et à l'insu des plus clairvoyants, la Providence n'eût suscité l'homme unique qui devait arracher les peuples modernes au cataclysme qui les menaçait. Napoléon III, qui venait de préserver la Havane et les Antilles, dirigeait nos armées sur Sébastopol et affrontait l'orage... A cette nouvelle, le persifflage fut unanime dans les États de l'Union ; les diatribes, les défis, les récriminations, les injures grossières qui ne décessaient pas contre la France et les Français depuis tant d'années, redoublèrent alors dans la presse américaine ; tandis que, d'autre part, elle faisait l'apothéose de Nicolas et qu'elle canonisait le knout.

Pendant de longs mois, chaque insuccès de nos armes en Crimée fut accueilli par les hourras frénétiques des petits et des grands au-delà de l'Atlantique. On se félicitait, on se réjouissait, on s'assemblait sous les fenêtres des consuls russes pour les complimenter, pour les fêter. Tout Français qu'on rencontrait était insulté de la parole, du geste, du regard ; et si quelque sentiment bornait quelque peu l'insulte, c'était celui d'un profond mépris... Eh bien ! les Russes vous ont frottés ! Croire que vous prendrez Sébastopol; aussi quel enfantillage ! qu'elle folie ! tel était le refrain de toutes les heures, de tous les jours. Sur ces entrefaites, les commissaires anglais qui faisaient du recrutement pour le compte de leur armée dans l'Union libre, étaient traînés devant les tribunaux, condamnés à de grosses amendes, emprisonnés; M. Crampton, ministre d'Angleterre, à Washington, était l'objet des attaques et des injures grossières des journaux ; notre consul à San-Francisco était brutalement emprisonné, et des corsaires russes destinés à ruiner le commerce anglo-français étaient publiquement construits dans le port de New-York.... Tout marchait plus ou moins à souhait pour nos adversaires, quand un beau jour le canon des deux premières capitales du globe annonce aux quatre continents que Sébastopol est pris, que l'ours blanc est muselé, que la civilisation est sauvée... *(et dico Russiam esse delendam).* Jamais nouvelle ne fut reçue avec plus de regret et d'embarras par les républicains modèles d'outremer. Le dépit fut général ; on s'était trop tôt démasqué ; on s'était engagé ; on finissait par se juger peut-être encore trop faible. La France se relevait puissante et réunie en faisceau sous une direction aussi large qu'intelligente, et il fallait renoncer en somme, au moins pour un temps, à ce cher projet si longtemps caressé avec ivresse : Russie, à toi l'Europe ! à nous les Amériques ! à néant le reste !.. Toutefois, sous l'action du dépit, les mauvais procédés de toute sorte, un moment comprimés par la surprise et la réflexion, firent bientôt explosion et reprirent leurs cours habituel. Environ soixante jours après notre grande victoire de Crimée, les Français se réunissaient dans plusieurs villes de l'Union pour fêter la prise de Sébastopol. Les injures des journaux furent plus vives que jamais et servirent de commentaire à ces sortes de réunions. A San-

Francisco, nos bons alliés, nos bons et fidèles amis de la République modèle s'assemblèrent armés autour de la tente, où Français et Anglais, présidés par leurs consuls respectifs, célébraient paisiblement dans un repas les succès des armées alliées contre la barbarie. Bientôt les hurlements, les hourras, les persifflages s'élèvent de tous côtés, l'émeute hurle et monte... Soudain, du dehors, la tente est lacérée à coups de couteau et de poignard ; la salle est envahie ; les lauriers qui la décoraient sont foulés aux pieds ; les drapeaux sont profanés ; la menace, l'outrage, grondent de toute part ; le révolver s'apprête ; le fer brille ; un biftek est lancé sur la figure du consul anglais qui se lève et s'échappe, tandis que M. Dillon, le consul de France, et les autres convives, rompus dès longtemps à ces sortes d'avanies, s'étaient déjà hâtés de disparaître. La police, maîtresse du terrain, s'applaudissait au sein du désordre ; et ce jour fut pour les autorités du lieu un jour de triomphe et de délicieuse satisfaction.

Je m'arrête : Napoléon III veillait en Europe ; et le 4 décembre 1855 une frégate française entrait dans la rade de San-Francisco, saluée par les batteries des forts; aussitôt notre pavillon était réarboré à notre consulat; et, il faut le dire, il fut ainsi réarboré à la satisfaction générale; et ce jour fut le seul peut-être où le gouvernement et la population des États firent preuve d'un peu de bonne grâce et de civilité à l'égard de la France... Je m'arrête, car en ce moment la présence d'une flotte russe à New-York peut servir à dessiller les yeux des plus aveugles, à convaincre les plus ignorants et les plus incrédules... Ma question du Mexique est traitée... et à quoi bon évoquer encore le passé, puisqu'en ce moment même, trouvant l'Empereur peu commode, et comptant toujours sur la bonhomie incorrigible du peuple français, l'intrigue d'outre-mer vient jusque dans notre capitale proposer à notre ignorance un cours tout nouveau de droit international; se recommandant surtout aux sentiments fraternels de nos bons démocrates, ces russophiles aveugles et quand même, afin qu'au moyen de leurs journaux et de leurs publications, ils veuillent bien convaincre la très-bonne France que la perfidie, c'est de la reconnaissance ;... que des ennemis sont des amis;... que des vessies sont des lanternes;... et que notre gouvernement a la berlue....

Donc, consolons-nous d'avoir perdu, sans qu'il y ait eu de notre faute, une vieille amitié et une alliance qui n'ont jamais existé serieusement que dans le cœur et dans l'imagination du peuple français. Quelques démocrates, avant d'abandonner leurs chères illusions, diront peut-être : Mais quel mal y aurait-il, en somme, à ce qu'une République modèle pût étendre, de gré ou de force, sa domination et sa liberté merveilleuse sur le monde entier? A ceux-là nous répondrons : Dérobez-vous quelque temps aux aspirations et aux hallucinations du cabinet; voyagez, allez voir par vous-même... et, si vous êtes sincèrement honnêtes, vous prendrez bientôt en dégoût cette liberté tant vantée des Amériques, si merveilleuse de loin, si odieuse, si révoltante de près; et si vous êtes l'opposé de l'honnête homme, il en sera encore forcément de même, tant vos déceptions seront cruelles, tant votre désappointement sera grand, tant vos intérêts auront à craindre et à souffrir sous le règne des effrontés de toute sorte. La vraie liberté, la seule possible dans une société, réside tout entière dans l'égalité devant la loi, non pas seulement écrite, mais soutenue et réalisée en action par une autorité ferme et durable. Vous chercheriez vainement les traces d'un tel ordre de choses dans les quatorze Républiques merveilles du Nouveau-Monde, où l'argent peut tout, où l'argent fait tout, tandis qu'elles se déchirent tour à tour ou qu'elles agonisent misérablement loin de nos regards et de notre appréciation immédiate. *(Et dico Russiam esse delendam.)*

Donc, tenons-nous pour avertis que, depuis longtemps, nous avons Russes devant et Russes derrière. Il est vrai que, de même que nous, tous les Russes du monde ne font jamais que ce qu'ils peuvent ; et que, selon les cas et les nécessités, ils pourront se dire les très-bons amis de la très-bonne France.... surtout quand elle voudra s'endormir... Donc, plus que jamais, en présence des graves problèmes qui vont être résolus et dont l'issue nous intéresse tant, nous devons seconder notre gouvernement de notre gratitude et de nos sympathies ;

nous devons nous montrer et nous tenir prêts à le soutenir de notre approbation tout entière, de nos corps et de nos bourses.

L'auteur de cette brochure, parti de France sur la fin de 1857, a voyagé pendant plusieurs années, et tout en y faisant des affaires, au Chili, au Mexique, à la Nouvelle-Grenade, aux États-Unis et aux Antilles.

www.ingramcontent.com/pod-product-compliance
Lightning Source LLC
Chambersburg PA
CBHW070523050426
42451CB00013B/2822